AF152192

BEI GRIN MACHT SICH IHR
WISSEN BEZAHLT

- Wir veröffentlichen Ihre Hausarbeit,
  Bachelor- und Masterarbeit

- Ihr eigenes eBook und Buch -
  weltweit in allen wichtigen Shops

- Verdienen Sie an jedem Verkauf

Jetzt bei www.GRIN.com hochladen
und kostenlos publizieren

Tobias Reinold

Status quo des Markenautomobilhandels in der Volksrepublik China

GRIN Verlag

Bibliografische Information der Deutschen Nationalbibliothek:

Die Deutsche Bibliothek verzeichnet diese Publikation in der Deutschen National-
bibliografie; detaillierte bibliografische Daten sind im Internet über http://dnb.d-
nb.de/ abrufbar.

Impressum:

Copyright © 2010 GRIN Verlag, Open Publishing GmbH
Druck und Bindung: Books on Demand GmbH, Norderstedt Germany
ISBN: 978-3-640-88564-0

Dieses Buch bei GRIN:

http://www.grin.com/de/e-book/170008/status-quo-des-markenautomobilhandels-
in-der-volksrepublik-china

GRIN - Your knowledge has value

Der GRIN Verlag publiziert seit 1998 wissenschaftliche Arbeiten von Studenten, Hochschullehrern und anderen Akademikern als eBook und gedrucktes Buch. Die Verlagswebsite www.grin.com ist die ideale Plattform zur Veröffentlichung von Hausarbeiten, Abschlussarbeiten, wissenschaftlichen Aufsätzen, Dissertationen und Fachbüchern.

Besuchen Sie uns im Internet:

http://www.grin.com/

http://www.facebook.com/grincom

http://www.twitter.com/grin_com

Marketing des Automobilhandels

Status quo des Markenautomobilhandels in der Volksrepublik China

Hinweis:

Die Verwendung von Markennamen dient nur zur wissenschaftlichen Darstellung.

Inhaltsverzeichnis

Abbildungsverzeichnis

Abkürzungsverzeichnis

3S	Sales Service, Spareparts
4S	Showroom, Sales, Service, Spareparts
CRM	Customer Relationship Management
JV	Joint Venture
k.A.	keine Angabe
OEM	Original Equipment Manufacturer
p.a.	per annum
PKW	Personenkraftwagen
RMB	Ren Min Bi
VR China	Volksrepublik China

English Abstract

The Chinese car market for brand automobiles is growing explosively. Virtually every global player in the car market tries to position itself in mainland China now, and most manufacturers identify their future growth potential in the Middle Kingdom. This assignment will allow a look at the status quo of the Chinese retail system of brand passenger vehicles. First, an overlook outlook of China and its economic data is presented, along with a record of past sales number. Subsequently major domestic brands and the situation for foreign joint ventures are explained and the factors that shape the current state of car retail in China are described in regard to the four "*P*" of marketing. Finally, based on the findings of this work, a conclusion is drawn concerning future development of the vehicle markets in the People's Republic of China.

1. Einleitung

Im Februar 2011 meldet die Nachrichtenagentur Reuters „explosive" Verkäufe von Automobilen und dass die Hersteller weiterhin mit zweistelligen Zuwachsraten bei den Absatzzahlen rechnen. Die Gründe dafür seien das Auslaufen eines Subventionierungsgesetzes von Kleinwagen sowie das kommende chinesische Neujahr, das traditionellerweise für größere Anschaffungen genutzt wird (CNBC 2011). Gleichzeitig vermelden deutsche Autobauer wie Daimler oder Volkswagen, dass Sie in Zukunft einen Hauptteil ihres Geschäftes in der VR China machen wollen, dort Milliardeninvestitionen planen und über deutsche-chinesische Joint Ventures an Zukunftstechnologien forschen (SPIEGELOnline 2011).

Meldungen wie diese lassen aufhorchen und geben einen Hinweis darauf, welchen wachsenden Einfluss der chinesische Automobilmarkt in Zukunft haben wird. Wenn man das Bild bemühen will: Der Motor der Automobilbranche ist derzeit der Markt in China. Dies berührt in direkter Konsequenz die deutsche Industrie, und insbesondere die Automobilhersteller und deren zahlreichen Zulieferer in Baden-Württemberg (BW-Invest 2011). Die folgende Arbeit soll einen Überblick über den Status Quo des Automobilhandels in der Volksrepublik China geben. Dabei wird das Thema vor dem Hintergrund eines kurzen Abrisses über aktuelle wirtschaftliche und soziale Daten des Landes diskutiert. Auf eine Erläuterung relevanter Aspekte des Automobilmarktes China folgt ein Abschnitt über dem Status Quo des dortigen Markenautomobilhandels strukturell angelehnt an die klassischen vier „P" (*Price, Place, Product, Promotion*) des Marketings. Abschließend soll ein Ausblick in Form von treibenden Zukunftsfaktoren und ein vom Autor gezogenes Fazit gegeben werden. Anzumerken ist noch, dass nur der Handel von Marken-Personenkraftwagen besprochen werden soll; landwirtschaftlich oder gewerblich genutzte Kraftwagen sowie motorisierte Zweiräder werden in dieser Arbeit weitgehend ausgeklammert.

2. Die Volksrepublik China

2.1 Makrökonomische Rahmenbedingungen

Eine Besprechung des Automobilmarktes der VR China wäre unvollständig ohne einen einführenden Überblick über die makroökonomischen Rahmenbedingungen, die das Land aktuell prägen. Die Gesamtwirtschaft der VR China hatte über mehrere Jahre überdurchschnittlich hohe Wachstumsraten, sowohl in Asien als auch aus globaler Sicht. Das Wirtschaftswachstum lag so in den vergangenen zehn Jahren konstant im Bereich von etwa 10% (NBSC 2010: 5).Ausschlaggebend für das rasante Wachstum sind die hohen Ausfuhren von meist arbeitsintensiven Gütern. Durch einen von Seite der chinesischen Notenbank künstlich niedrig gehaltenen Wechselkurs, billigen Krediten sowie die relativ günstige Arbeitskraft der ländlichen Bevölkerung kann so zu niedrigen Preisen exportiert werden. Diese hohe Wachstumsrate konnte auch während der globalen (Finanz-)Wirtschaftskrise von 2007 bis 2009 beibehalten werden. Die Regierung in Peking reagierte schnell auf den weltweiten Abschwung und erließ ein Stimulierungs-Paket in Höhe von umgerechnet etwa einer halben Milliarde US-Dollar für die Wirtschaft (Zheng/Tong 2010: 25ff.). Auch der Automobilhandel wurde massiv gefördert, die Subventionen liefen allerdings mit dem Ende des Jahres 2010 aus (XinHua 2010). Bei der Beurteilung der Einkommensentwicklung von Haushalten der VR China ist es relevant, ob die Land- oder Stadtbevölkerung betrachtet wird. Hier herrschen große Unterschiede. Dies spiegelt sich im relativ hohen Gini-

Koeffizent[1] der VR China von 0,42 im Jahr 2007 wieder. Er liegt im Jahr 2006 in Deutschland bei 0,27. (CIA 2011)

Die VR China erlebt die fortschreitende Urbanisierung der Einwohner. Weite Teile der Landbevölkerung versuchen die wirtschaftlichen Chancen einer Großstadt wahrzunehmen und ziehen in die Städte. In den Städten sowie deren Umland finden sich auch die großen Einkaufszentren sowie die großen (Staats-)Unternehmen. Geschätzt die Hälfte der chinesischen Bevölkerung werden als in Städten lebend betrachtet, jährlich ziehen ca. 20 Millionen ländliche Bewohner in urbanisierte Gegenden. (KPMG 2007a: 6).

Die Städte werden dabei je nach Größe und wirtschaftlicher Relevanz in sogenante Tier 1 bis Tier 4 Cities (engl.: „tier" = „Stufe") eingeteilt. Die größten Stadtgebiete sind Chongqing (重庆) mit 32 Mio. Einwohnern, Shanghai (上海) mit 14 Mio. Einwohnern sowie Peking (北京) mit 12,5 Mio. Einwohnern (NBSC 2010: 386). Zu beachten ist, dass so manche Tier 4 City durchaus mehr Einwohner als eine deutsche Großstadt haben kann! Der Großteil der Bevölkerung und Industrie ist im Ostteil des Landes konzentriert, bevorzugt an der Küste; die sogenannte *Heihe-Tengchong-Linie* (diese ist benannt nach den Orten an den beiden Endpunkten der Linie) markiert die Teilung in den bevölkerungsreichen Osten und den eher ländlich geprägten Westen (vgl. Abbildung 1).

---

[1] Der Gini-Koeffizient kann als Kennzahl für die Ungleichverteilung von Einkommen eingesetzt werden. Der Wert kann beliebige Größen zwischen 0 und 1 annehmen. Je näher der Gini-Koeffizient an 1 ist, desto größer ist die Ungleichheit (Breyer/Buchholz 2009: 20).

(KPMG 2007b: 20)

2.2 Relevante Verkehrs- und Umweltpolitik

Fahrräder, Eselkarren und Rikschas - so das romantisierte Bild der chinesischen Kaiserstadt Peking. Fakt ist: Das Nationale Statistikbüro zählte Ende 2010 knapp fünf Millionen zugelassene Automobile in Peking, was 86% mehr Zulassungen im Vergleich zum Jahr 2005 entspricht (ChinaAutoWeb 2011d). Lastkraftwagen und andere Straßenverkehrsteilnehmer sind praktisch aus dem Straßenbild verbannt, denn der innerstädtische Verkehr ist dem Kollaps nahe. Natürlich hat die Entwicklung des chinesischen Automobilmarktes auch Auswirkungen auf die Umweltpolitischen Erwägungen des Landes. Im Jahr 2010 sorgte ein 100 km langer Stau für internationales Aufsehen Die Probleme sind nicht auf die Hauptstadt Peking beschränkt: in Shanghai wächst das Verkehrsvolumen jährlich um 10%, in Guangzhou beträgt die Durchschnittsgeschwindigkeit im Stadtgebiet 20 km/h (Fiducia 2011). Die Stadtregierung von Peking hat im Jahr 2011 nun die Maßnahme ergriffen, nur noch 240.000 neue Zulassungen auszugeben. In der zweiten Tranche des Jahres standen etwa 20.000 zu vergebende Nummernschilder für 300.000 Bewerber bereit (ChinaCarTimes 2011a). In Shanghai kostet ein die Zulassung eines Wagens teilweise mehr als das Automobil selbst, was in der Stadt selbst scherzhaft mit dem Witz: „Was ist das teuerste Metall der Welt? – Ein Nummernschild aus Shanghai!" kommentiert wird (Fiducia 2011).Anfang 2008 wurde der in Europa bereits seit dem Jahr 2000 eingeführte Euro III Standard für die Begrenzung von Fahrzeugemissionen in der VR China verbindlich, mit dem Start der olympischen Spiele 2008 in Peking wurde dann sukzessive der Euro IV Standard in China eingeführt, zunächst war diese Auflage auf die Hauptstadt begrenzt; ab dem Jahr 2010 ist dieser allgemeinverbindlich. Der Euro V Standard, in Europa bereits seit 2008 geltend, soll dann in der VR China ab 2012 folgen. Es zeigt sich also, dass die Abstände bei der zeitlichen Einführung von Umweltvorgaben immer kürzer werden.

Abbildung 2: Verbindliche Emissionsstandards für Neuwagen im Vergleich

Emissionsstandard	Einführungszeitpunkt	
	Europa	VR China
Euro III	2000	2008
Euro IV	2005	2010
Euro V	2008	2012

(Fiducia 2011)

Ein sehr aktueller Trend, der hier nur kurz erwähnt werden soll ist die Förderung von Automobilen mit elektrischen Antrieben in einigen Metropolregionen. Dies stellt allerdings wohl mehr ein Experiment von staatlicher Seite dar, der bislang wenig Einfluss auf den Automobilmarkt hat (Fiducia 2011).

3. Der Automobilmarkt in China – Status Quo

3.1 Zahlen, Daten Fakten

Im Jahr 2010 wuchs der chinesische Automobilmarkt mit 18 Millionen (davon 13,8 Millionen PKW) abgesetzten Fahrzeugen um 32% im Vergleich zum Vorjahreszeitraum. Dies ist der höchste Wert in der Geschichte des Landes und macht China zum inzwischen größten Markt für Automobile, gefolgt von den USA und Japan (Fiducia 2011). Dieses rasante Wachstum übertrifft sogar den *Best Case* einer Schätzung von Experten aus dem Jahr 2007, bevor die globale Wirtschaftskrise zuschlug (vgl. die Zahlen aus Paur 2008: 1). Die Zahl der privat zugelassenen PKW beträgt nach Angaben des Nationalen Statistikbüros in der Volksrepublik China nun Ende des Jahres 2010 zirka 65,4 Millionen Fahrzeuge (ChinaAutoWeb 2011d). Der deutsche Markt dagegen schrumpfte im Jahr 2010 um 23% und sah einen Absatz von knapp 3 Millionen Autos (KfzTicker 2011). In der VR China auf 100 Einwohner unter 5 PKW, während das Verhältnis in Deutschland (und anderen westlichen Industrienationen) durchschnittlich bei etwa 50 Autos zu 100 Einwohnern steht.

Abbildung 3: Automobilverkäufe in der VR China 2002-2010

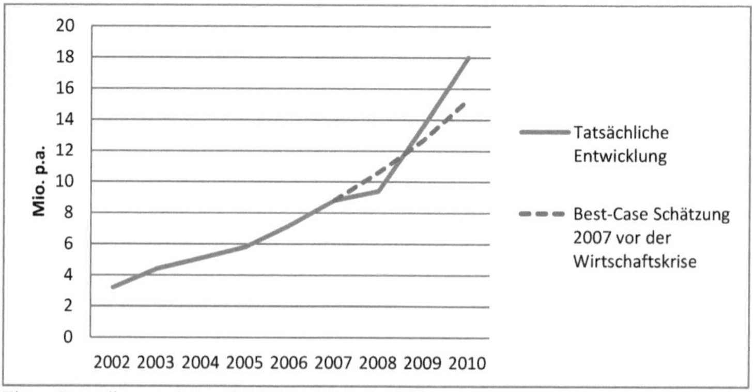

Eigene Darstellung nach Paur 2008: 1 und Fiducia 2011

3.2 Automarken in China

Während nach der Gründung der Volksrepublik im Jahr 1949 durch japanische und sowjetische Unterstützung chinesische Fabriken eher Nutzfahrzeuge für Landwirtschaft und Schwerindustrie herstellten (Haak 2004: 1) hat sich das Bild durch die Öffnungspolitik des Modernisierers Deng Xiaoping inzwischen drastisch gewandelt: Noch in den frühen 1990er Jahren gab es in der Volksrepublik China höchstens eine Hand voll Marken und eine geringe Auswahltiefe an Automodellen. Heute konkurrieren lokale, teils vom Staat protegierte Hersteller mit Joint-Venture-Unternehmen, die von chinesischen und internationalen Autoherstellern ausgegründet wurden; hinzu kommt noch ein (relativ geringer) Teil importierter Wagen. Ausländische Autohersteller können nach aktueller Rechtslage die eigene Produktion von PKW im Staatsgebiet der VR China jedoch nur durch ein Joint-Venture mit einem einheimischen Unternehmen realisieren, bei dem die chinesische Seite zwar formal einen großen Anteil hält, die Produktion aber faktisch von ausländischer Seite geleitet wird (KPMG 2010: 10). Dies dient vornehmlich dazu, die oftmals fortgeschrittenen Technologien und Prozessabläufe der ausländischen Konkurrenz in das Know-How von chinesischen Produzenten zu transferieren um die wirtschaftliche Entwicklung des Landes voranzutreiben (Li-Hua 2003: 13f.). Angesichts dieses großen neuen Angebots haben die wenigsten Automobilkunden feste Markenpräferenzen (siehe weiter unten); dennoch ist in China, wie auf allen Käufermärkten, die Marke der oftmals einzige Weg, um sich von der Konkurrenz zu differenzieren und abzusetzen. Abbildung 4 gibt einen Überblick über die größten einheimischen Automobilhersteller und deren Automarken:

Abbildung 4: Marken chinesischer Autohersteller und Joint Ventures

	Verkaufte Einheiten 2010 (cum JV)	Automarken (Auswahl, ex JV); (JV)	Markenlogos	JV Markenlogos
Shanghai Automotive Industry Corp. (SAIC)	3.558.400	MG, Roewe; Buick, Cadillac, Chevrolet, Volkswagen		
Dongfeng Motor (DFM)	2.724.800	Dongfeng; Citroen, Honda, Kia, Nissan, Peugeot		
Tianjing First Automotive Works (FAW)	2.558.200	FAW, Haima, Hongqi; Audi, Mazda, Toyota		

8

Chang'An Auto	2.378.800	Chana, Changhe, Hafei, Landwind; Ford, Mazda, Suzuki, Volvo		
Beijing Auto (BAIC)	1.489.900	- ; Hydundai, Mercedes Benz	k.A.	
Guangzhou Auto Group (GAC)	724.200	GAC; Honda, Toyota		
Chery	682.100	Chery Auto, Riich		
Build Your Dream (BYD)	519.800	BYD		

Brilliance Auto	501.400	Brilliance (ZhongHua), Jinbei; BMW		
Jianghuai Auto (JAC)	458.500	JAC		
Geely	k.A.	Emgrand, Englon, SMA (Shanghai Maple Auto), Volvo		
Soueast Motor	k.A.	Soueast; Chrysler; Dodge, Mitsubishi		

(CAAM 2011, ChinaAutoWeb 2011b, ChinaAutoWeb 2011c), sowie eigene Recherche

3.3 Nationale und internationale Marken - Marktanteile

Der Unternehmensberatungsfirma Fiducia zufolge ergab sich in den vergangenen Jahren auf dem chinesischen Automarkt ein Trend hin zu Automobilen inländischer Marken (vgl. Abbildung 5). Dies hat vor allem zwei Gründe: Erstens wurde im Zuge der Wirtschaftskrise eine Art „Neuwagenprämie" auf Kleinwagen inländischer Produktion gestartet (in Form einer Steuerreduktion und Geldprämien auf Wagen mit einem Hubraum weniger als 1,6 Liter), zweitens wurde im „China goes Country"- (汽车下乡) Programm der Kauf von Automobilen, gewerblichen Kleinlastern und Traktoren im ländlichen Raum gefördert (Fiducia 2009: 1, Fiducia 2011).

Abbildung 5: Marktanteile chinesischer und ausländischer Marken auf dem Automobilmarkt der VR China

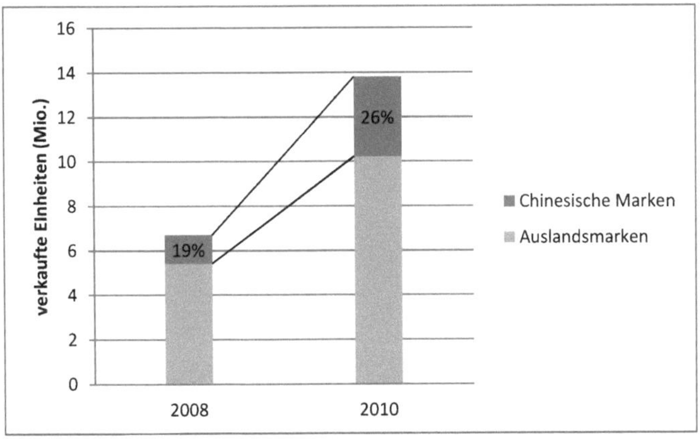

(Fiducia 2011)

3.4 Zulassungszahlen: Regionale Unterschiede in Stadt und Land

Zwar hat die VR China inzwischen wie eingangs dieser Arbeit erwähnt den ersten Platz beim Verkauf von Automobilen inne; wie im ersten Teil der Arbeit ausgeführt besteht allerdings auch innerhalb des Landes eine Fraktionierung und Inhomogenität bei dem Absatz von Kraftfahrzeugen und deren Zulassungszahlen, die in Abbildung 6 sichtbar wird.

Abbildung 6: Anzahl der Neuzulassungen 2010 nach Provinz/Regierungseinheit

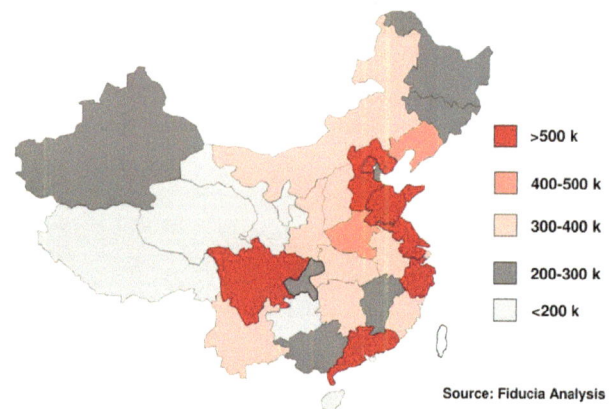

Source: Fiducia Analysis

(Fiducia 2011)

4. Der Automobilhandel in China

4.1 Preispolitik

Der Durchschnittspreis einer in China im Jahr 2010 gebauten Stufenhecklimousine betrug 7100 USD, was umgerechnet derzeit etwa 5100 EUR entspricht (ChinaAutoWeb 2011a). Der chinesische Automobilmarkt ist noch ein recht junger, so waren im Jahr 2009 über 63% Erstwagenkäufe.

Die Beratungsfirma KPMG argumentiert, dass obwohl der Autohandel in der VR China bereits im Jahr 2009 die Vereinigten Staaten von Amerika im Absatz von Automobilen überholt hat, neuere Entwicklungen dem chinesischen Autohandel Probleme bereiten: Dazu gehören ein rasantes Vermehren von Handelsniederlassungen der Hersteller sowie eine sich aufbauende Überkapazität bei der Automobilproduktion. In einem nun bestehenden Käufermarkt bedeutet dies Preisdruck: KPMG gibt eine gewöhnliche Marge zwischen 0 und 8% an (KPMG 2010: 1, 4). Dem US-amerikanischen Informationsdienst J.D. Power zufolge beträgt die Marge 2,6% bei US-Markenautomobilen und 4,4% für inländische Marken. Auf der Suche nach weiteren Einkommensquellen und um dem Kunden einen integrierten Service rund um das Automobil bieten zu können, entwickeln sich in der VR China nun sogenannte „4S-Dealerships", dabei stehen die Buchstaben für *Showroom* (Fahrzeugausstellungen), *Sales* (Verkauf), *Service* (Service und Wartung) und *Spare Parts* (Ersatzteilverkäufe).

Damit ergibt sich in der VR China auf einem reifenden Automobilmarkt eine ähnliche Verschiebung in der Preispolitik wie auf den bereits gesättigten (bzw. übersättigten) Märkten westlicher Industrienationen. Wertschöpfung soll nicht mehr nur in der Kaufphase erzielt werden, sondern wird in allen Phasen des Automobilhandels angestrebt (vgl. Abbildung 7).

Abbildung 7: Ganzheitliche Betreuung des erweiterten Kundenlebenszyklus im Automobilhandel

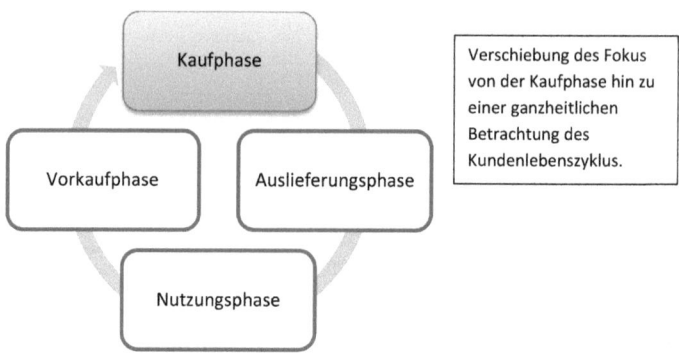

(Ebel 2004: 35)

Der Ausbau zu 4S-Dealerships trägt schafft zusätzliche Möglichkeiten für Interessenten-, Neukunden-, Zufriedenheits- und Rückgewinnungsmanagement sowie die Ausschöpfung von Cross-Selling-Potenzialen (Ebel 2004: 34). Insbesondere der After-Sales Bereich ist – auch bedingt durch den hohen Anteil von Neu- und Erstwagenverkäufen – in China noch recht unterentwickelt. Hinzu kommt die Problematik von gefälschten Ersatzteilen minderer Qualität, die außerhalb von zertifizierten Werkstätten vertrieben werden, deren sich der chinesische Autofahrer durchaus bewusst ist (ChinaCarTimes 2011b). So verwundert es nicht, dass ausländische Unternehmen auf diese Lücke im Service aufmerksam geworden sind und nun verstärkt auf den chinesischen Markt für Autopflege und Reparaturen drängen (ChinaCarTimes 2011c).

Abbildung 8: Internationale Servicecenter im chinesischen Automobil After-Sales Markt

Marke	Land	Markteintritt
Bosch	Deutschland	1980er
ACDelco	USA	k.A.
Jiffy Lube	England	2006
Grease Monkey	USA	2007
Valvoline	USA	2005
Michelin	Frankreich	2006

(ChinaCarTimes 2011c, KPMG 2007a: 26f.), sowie eigene Recherche

4.2 Distributionspolitik

Im Jahr 2005 gab es in der VR China noch etwa 30.000 Autohändler in China, meistens ohne weitere Serviceangebote (mit Fokus auf den reinen Verkauf von Automobilen), davon etwa 40% als *Second-Level-Dealers* die ihrerseits nur den Zwischenhandel betrieben. Durch strenge Auflagen der Regierung wurde dieser stark fragmentierte Markt konsolidiert, mehr an die Hersteller gebunden, und mit Auflagen für mehr standardisierten Service versehen (KPMG 2007a: 23). Im Jahr 2008 waren 25% der Autohändler Teil einer Händlergruppe, die in großem Stil mehrere Automarken am selben Standort vertreibt („*mega-dealerships*"). (KPMG 2010: 2). Ende 2009 werden nun noch etwa 13.000 niedergelassene Autohändler in China gezählt, schätzungsweise zwei Drittel davon sind 4S-Dealerships. Webb (Webb 2010); vgl. Abbildung 9 für eine Übersicht der Entwicklung von Distributionswegen

Abbildung 9: Distributionskanäle für Automobile in der VR China

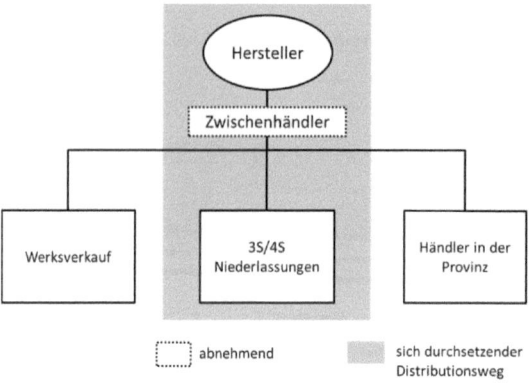

(KPMG 2007a: 24)

Die Anzahl der Händler wird aller Erwartung nach jedoch wieder steigen, wenn auch in einer anderen Qualität und Struktur wie zuvor. Die Auflistung in Abbildung 10 beschreibt die geplanten Aktivitäten der in China Aktiven JV-Unternehmen internationaler Hersteller (Sinotrust 2011):

Abbildung 10: Planung der Distributionskanäle 2011 von JV-Autoherstellern

Automaker	Number of outlets	Channel planning
Shanghai GM	Chevrolet will have more than 500 dealerships in 2011	SGM plans to cover all first- and second-tier cities as well as most third- and fourth-tier cities. Chevrolet currently focuses on taking market share. Among all its 500 dealerships, there are 200 satellite dealers which are mainly responsible for daily car repair and maintenance work in the third- and fourth-tier cities except sales.
FAW-VW	The number of FAW-VW's outlets will reach nearly 1,000 in 2013	FAW-VW proposes cooperation and development plans for dealers and capacity enhancement plans for distributors. It hopes its network layout and coverage can meet the demand of millions of vehicles over next three years.

Shanghai VW	Two networks for VW brands and Skoda brands exist. Additional 130 4S dealers will be set up in 2011 (80 VW dealers and 50 Skoda dealers). SVW dealerships will total 830	SVW continues to expand the coverage of its marketing network and will put more efforts in second- and third-tier cities to gradually realize the development of its two brand networks.
Beijing Hyundai Motor	Beijing Hyundai plans to build up 100 4S dealers and 20 satellite dealers in 2011. So its total outlets will amount to 720	Beijing Hyundai will explore its marketing network by understanding the characteristics of regional markets. In first-tier cities that have large market capacity and severe competitions, Beijing Hyundai insists to enhance its 4S dealers' profitability and brand influence. In the second- or third-tier markets, it will set up more satellite dealers based on its current 4S dealerships to best meet customer's demands by offering more convenient services.
Dongfeng Nissan	The total number of franchises will reach 480 in 2011. With sub-dealerships nationwide, Dongfeng Nissan will have more than 620 dealers	In terms of the network of distribution channels, Dongfeng Nissan's marketing strategy still targets first-tier cities and begins to put more stress in second- and third-tier markets. It also speeds up its business operation in second-, third- or even fourth-tier markets by setting up more 4S dealerships and second-tier regular chains and enhancing their management.
Chang'an Ford	There are 340 dealerships currently. Chang'an Ford plans to have 800 dealerships in 2012	Chang'an Ford's additional dealers are mostly located in second- and third-tier cities in western and northern China which are experiencing fastest development, including Liyang, Shijiazhuang, Harbin, Wanzhou in Chongqing province and Anyang etc.
Dongfeng Yueda Kia	Outlets will reach 440 in total	Further expand its network coverage by adopting the sales network of combining 4S dealerships and regular chains together. Dongfeng Yueda Kia will carry out 24-hour services and door-to-door services etc.
Beijing Benz	Beijing Imported and domestically-made vehicles are under one network. Benz has 120 dealerships across the country now	Beijing Benz plans to build up a new body to coordinate sales-related work for imported vehicles and domestically-made vehicles altogether in the future.

FAW Audi	There are 179 dealerships currently, covering 97 cities nationwide	FAW Audi will complete its facility upgrade among all dealers in 2011. After the upgrade, dealer's service capacity and service image will be significantly improved. In addition, Audi's new sales network will be completely in line with the standards set for "Audi City Exhibition Hall".
BMW Brilliance	There are nearly 200 outlets now and BMW Brilliance plans to set up 50 new ones in 2011.	Network expansion speed in 2011will not be slowed down. There will be at least 50 additional dealers this year and BMW Brilliance plans to explore third- and fourth-tier cities.

(Sinotrust 2011)

4.3 Produktpolitik

Abbildung 11 erlaubt in Form einer Clustergrafik die Übersicht über die Marktpositionierung der in China vertriebene Automarken (Stand 2003, inzwischen werden vormals importierte Wagen auch lokal in China produziert, vgl. auch Abbildung 4 oben).

18

Abbildung 11: Marken-Cluster in China

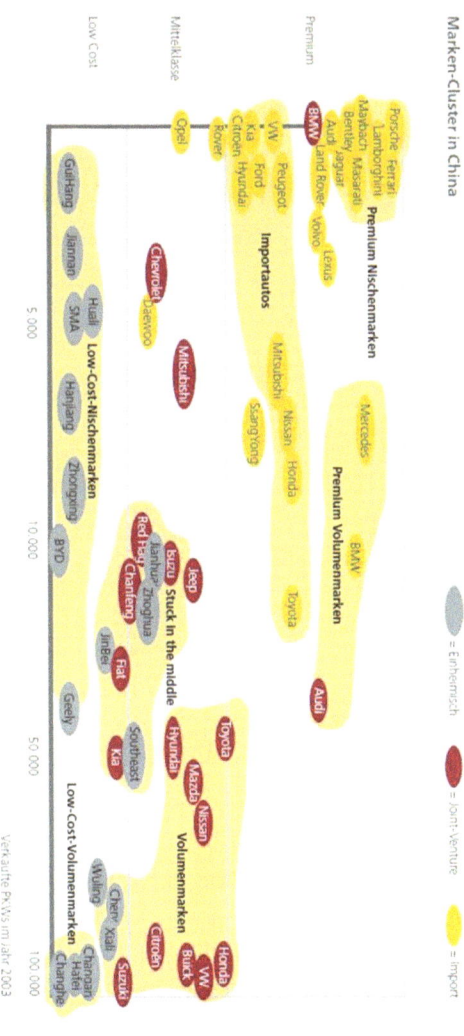

(Mercer 2009: 5)

Auffällig ist, dass Importfahrzeuge beinahe durchweg im oberen bzw. Luxussegment zu finden sind, was vermutlich auch an den. Importzöllen in Höhe von 25% des Einfuhrpreises für im Ausland gefertigte Wagen liegt (MKACCDB 2011) Während bei den bevorzugten PKW-Klassen in Deutschland ein Trend hin zu Klein- und Kleinstwagenklassen herrscht und damit vor allem die Mittelklasse auf dem deutschen Automarkt verdrängt wird, (ADAC 2010: 20), ist in der Volksrepublik China im Gegenteil gerade die Mittelklasse gefragt und das am rasantesten wachsende Segment auf dem Automobilmarkt (Abbildung 12).

Abbildung 12: PKW-Klassen nach Kaufpräferenzen in der VR China

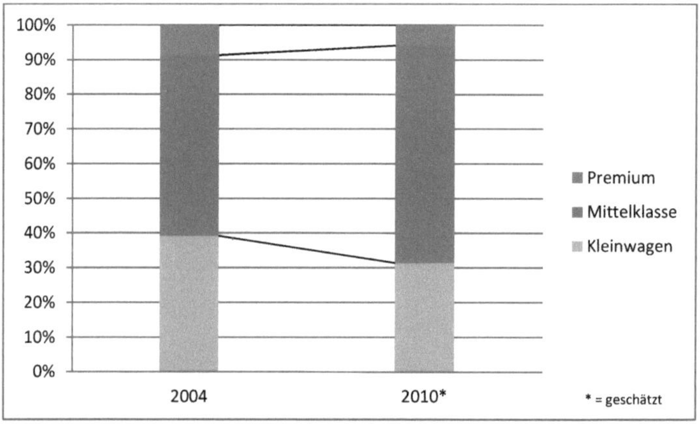

(Mercer 2009: 4)

Der Prototyp des chinesischen Autokäufers ist dem Beratungsunternehmen Mercer Management Consulting zufolge ein Erstkäufer, der gerade die größte Investition seines Lebens tätigt. (Mercer 2009: 6)Das Auto ist ein „Aufsteiger-Produkt" und damit ein ostentatives Statussymbol. Laut Mercer überspringen chinesische Autokäufer gerne das Einstiegsmodell im Bereich der Kleinwagenklasse und tendieren gleich zur Mittelklasse. „29 Prozent der derzeitigen Autobesitzer geben an, in Zukunft ein Oberklassefahrzeug

20

kaufen zu wollen, und 55 Prozent tendieren zur Mittelklasse, die damit zum Wachstumssegment Nummer eins im chinesischen Automobilmarkt wird" (ebd.).

4.4 Kommunikationspolitik

Kaufentscheidungen werden nach rationalen als auch nach emotionalen Kriterien entschieden (Trommsdorff 2009: 58, 78). Kommunikationspolitisch muss der chinesische Automobilmarkt immer noch auf dem Stand eines Entwicklungslandes aufgefasst werden: Basale und rationale Bedürfnisse wie sichere Mobilität, genügend Laderaum und bequeme Funktionalität zu befriedigen, so das Marktforschungsunternehmen TNS ESOMAR (Paur 2008: 3). Hinzu kommt das in der chinesischen Kultur tief verwurzelte Prinzip des „Gesicht wahren" (面 子), was in einem nach dem Autokauf zu stillenden emotionalen Bedürfnis nach Image und Status entspricht (Kuhn et al. 2001: 262). Dabei sind die Autokäufer in China nicht herausragend markentreu. In einer Umfrage von Mercer gaben nur 25% von privaten Automobilnutzern an, beim nächsten Kauf dieselbe Marke zu wählen (Mercer 2009: 6).

Welche kommunikativen Faktoren beeinflussen die Kaufentscheidung erheblich? Der Studie von TNS zufolge gibt es darauf verschiedene Antworten, je nachdem in welcher Region (im Sinne der weiter oben besprochenen Tier 1 bis Tier 3 Stadtregionen) Automobile beworben werden:

Abbildung 13 gibt einen Überblick über die Hauptgründe für die Entscheidung beim Autokauf von chinesischen Automobileigentümern.

Abbildung 13: Nennungshäufigkeiten der Gründe für die Kaufentscheidung von Automobilen bei chinesischen Autokäufern, segmentiert nach regionalen Unterschieden

	Tier 1	Tier 2	Tier 3
Empfehlungen von Freunden/Bekannten	22%	32%	22%
Verfügbarkeit der bevorzugten Marke	15%	12%	31%
Gute Service-Qualität	16%	17%	17%
Günstige Lage der Handelsniederlassung	18%	15%	10%
Niedrige Preise	11%	11%	12%
Gute Beratung	9%	5%	3%
Breite Auswahl	6%	2%	2%
Enge Kundenbeziehung	3%	3%	3%

(eigene Hervorhebungen, Quelle Paur 2008: 9)

In den großen Metropolen zeigt sich, dass im Vergleich zu anderen Regionen insbesondere Wert auf eine günstige Lage der Handelsniederlassung, gute Beratung, und eine breite Auswahl an Marken/Modellen die Kaufentscheidung positiv beeinflusst. Demgegenüber ist das Empfehlungsmarketing in den mittelgroßen Stadtregionen wichtig zur Kundengewinnung, während in ländlichen Regionen, in denen meistens kein dichtes Händlernetz zu finden ist, insbesondere die bloße Verfügbarkeit von bestimmten Marken den kaufentscheidenden Impuls gibt. Angesichts dieser Ergebnisse liegt es nahe, dass die Kommunikationspolitik der Automobilhersteller und des Handels in China den verschiedenen Motivationen für den Autokauf regional differenziert Rechnung tragen muss (KPMG 2007a: 34f., Mercer 2009: 11). Eine Untersuchung von J.D. Power kommt zu einem ganz ähnlichen Ergebnis: "Taking regional differences into account is key to effectively appealing to buyers," (JDPower 2010).

5. Fazit: Megamarkt oder Blase?

Unbestreitbar kann man bei der zusammenfassenden Betrachtung des vergangene Wachstums von einer Erfolgsgeschichte des Automobilmarkes in der VR China sprechen; weltweit drängen alle großen Automobilhersteller ins Reich der Mitte, um sich in einem *großen Sprung nach vorn* zu positionieren. Dabei zeigen sich aber bereits Schattenseiten des enormen Wachstums, die Mercer folgendermaßen kommentiert: „Bereits jetzt bestehen erhebliche Überkapazitäten, die auch durch den zu erwartenden Absatzboom nicht ausgelastet werden. Die Preise fallen, während die Produktionskosten hoch bleiben." (Mercer 2009: 3) Die Produktion von Automobilen in China ist um 10-20% teurer als an anderen Automobilstandorten. Bei Kleinserien beträgt der Kostenunterschied sogar bis zu 40%. Verantwortliche Faktoren hierfür sind:

> ➢ Unausgelastete Fertigungsstandorte,
> ➢ hohe Kosten für Rohmaterialien und Zukaufteile ,
> ➢ niedrige Arbeitsproduktivität.

Weitere Probleme entstehen nach Angaben von Mercer durch schwer zu steuernde Joint-Ventures unter gemischtnationalem (und damit gemischtkulturellem) Management, mangelhafte Qualität an lokal zugelieferten Teilen sowie die nicht immer ausreichende Infrastruktur an spezialisierten Ausrüstern und Dienstleistern, die für diese anspruchsvolle High-Tech-Branche nötig ist. Auch der mangelnde Schutz geistigen Eigentums und Industriespionage machen der internationalen Automobilindustrie in der VR China zu schaffen. (Mercer 2009: 5). Zu einer ähnlichen Einschätzung kommen Analysten, die nach dem Ende der staatlichen Subventionsprogramme und der damit einhergehenden ersten Sättigung des Kleinwagenmarktes in China das Wachstum des Gesamtmarktes in den nächsten Jahren eher gedämpft sehen. Einhergehend damit wird eine Verschiebung der Prioritäten der chinesischen Hersteller weg von der möglichst billigen Massenfertigung hin zu Qualität, Sicherheit und geringen Emissionen prognostiziert (Fiducia 2011). Abgesehen von denen in Kapitel 3.2 beschrieben OEMs gibt es in China noch eine Vielzahl weiterer Hersteller, deren Zahl sich in Zukunft noch weiter erhöhen wird. Auch sehr kleine Hersteller werden von lokalen Regierungsebenen protegiert um Steuereinnahmen und Vorzeigeobjekte zu erhalten. Eine größere Konsolidierung der Automobilhersteller und angebotenen Automarken schein damit eher unwahrscheinlich. Hinzu kommt eine wachsende Zahl importierter PKW. All dies lässt den Preisdruck, dessen Konsequenzen auch Händler spüren werden, voraussichtlich noch größer werden. Vor diesem Hintergrund spricht eine Reihe von Faktoren dennoch für einen anhaltenden starken Markt für Markenautomobile in der VR China:

> Der Ausbau des Straßennetzes wird kontinuierlich fortgeführt und mit Milliardenschweren Subventionen begleitet;

> das Einkommen vieler Haushalte in China wächst, und damit der Wunsch nach persönlicher Mobilität;

> erste Versuche von chinesischen Autoherstellern in Europa und den USA Fuß zu fassen sind zwar vorläufig gescheitert, werden aber wohl in Zukunft wieder ernsthaft betrieben;

> der neue Fünf-Jahres-Plan der chinesischen Regierung sieht zwar ein niedrigeres Gesamtwachstum der Wirtschaft vor, hat aber einen höheren Lebensstandard und den inländischen Verbrauch im Fokus, was ebenfalls den heimischen Automobilmarkt stärken dürfte (NYTimes 2011).

Das Fazit, das nach Ansicht des Autors dieser Arbeit gezogen werden kann ist: Der chinesische Markenautomobilhandel kann weiterhin mit starken Zuwachszahlen rechnen, auch wenn diese möglicherweise ihren Zenith nun überschritten haben. Die Präferenzen der Kunden und deren optimale Ansprache variiert je nach Vertriebsgebiet und es ist abzusehen dass sich die Nachfrage hinsichtlich Sicherheit, Ausstattung und Umweltfreundlichkeit bei einer erfahrener werdenden Käuferschaft verstärken wird. Käufermärkte bedeuten auch verschärfte Konkurrenz für die Markenhändler. Wie weiter oben dargestellt kann dieser Herausforderung mit stärkerer Kundenbindung (beispielsweise durch CRM-Systeme) und umfangreicherem Service begegnet werden. Ein Entwicklung, die sich in westlichen Industrienationen schon vollzogen hat und den Weg bereitet zu einem Prozess der jetzt beginnenden Reifung des Markenautomobilhandels in der VR China.

Quellenverzeichnis

ADAC (2010): *PKW Monitor 2010/I.* Allgemeiner Deutscher
Automobilclub. URL (10.03.2011):
http://media.adac.de/fileadmin/user_upload/pdf/PkWMonitor10_I_presse
.pdf

Breyer, Friedrich/Buchholz, Wolfgang (2009): *Ökonomie des Sozialstaats.*
2., überarb. Aufl. Berlin [u.a.]: Springer.

BW-Invest (2011): *Automobilindustrie in Baden Württemberg. Baden-
Württemberg ist Deutschlands „Autoland Nr. 1".* Gesellschaft für
internationale wirtschaftliche und wissenschaftliche Zusammenarbeit
mbH. URL (03.03.2011): http://www.bw-
invest.de/deu/index_deu_6398.aspx

CAAM (2011): *2010 年 12 月（含全年）前十家汽车生产企业销量排名.*
China Association of Automobile Manufacturers. URL (10.03.2011):
http://www.caam.org.cn/zhengche/20110119/1105051446.html

ChinaAutoWeb (2011a): *The Average Chinese Sedan Exported in 2010
Sold for Only $7,100.* China Auto Web. URL (13.03.2011):
http://chinaautoweb.com/2011/03/the-average-chinese-sedan-exported-
in-2010-sold-for-only-7100/

ChinaAutoWeb (2011b): *Chinese Brands.* China Auto Web. URL
(06.03.2011): http://chinaautoweb.com/chinese-brands/

ChinaAutoWeb (2011c): *Foreign Brands.* China Auto Web. URL
(06.03.2011): http://chinaautoweb.com/foreign-brands/

ChinaAutoWeb (2011d): *Update: How Many Cars Are There in China?*
China Auto Web. URL (05.03.2011):
http://chinaautoweb.com/2011/03/update-how-many-cars-are-there-in-
china/

ChinaCarTimes (2011a): *300,000 People bid in Beijing for 20,000 licence
plates.* China Car Times. URL (10.03.2011):
http://www.chinacartimes.com/2011/02/10/300000-people-bid-for-
20000-license-plates-in-beijing/

ChinaCarTimes (2011b): *Fake Chinese parts flooding the aftermarkets in
China.* China Car Times. URL (09.03.2011):
http://www.chinacartimes.com/2011/02/14/fake-chinese-parts-flooding-
the-aftermarkets-in-china/

ChinaCarTimes (2011c): *A Grease Monkey in China*. China Car Times. URL (09.03.2011): http://www.chinacartimes.com/2011/03/04/a-grease-monkey-in-china/

CIA (2011): *Distribution of Family Income - Gini Index*. CIA World Factbook. URL (12.03.2011): https://www.cia.gov/library/publications/the-world-factbook/fields/2172.html

CNBC (2011): *China Car Sales Up 16% in January on Inventory Restocking*. CNBC LLC. URL (03.03.2011): http://www.cnbc.com/id/41658328/China_Car_Sales_Up_16_in_January_on_Inventory_Restocking

Ebel, Bernhard (2004): *Automotive Management : Strategie und Marketing in der Automobilwirtschaft ; mit 34 Tabellen*. Berlin [u.a.]: Springer.

Fiducia (2009): *China Focus July/August 2009*. Fiducia Management Consulting. URL (07.03.2011): http://www.fiducia-china.com/upload/China_Insights/China_Focus/2009/JulAug09.pdf

Fiducia (2011): *Which road to take? – The Future of China's Automobile Industry*. Fiducia Management Consultants. URL (03.03.2011): http://www.fiducia-china.com/china-insights/china-focus/newsletter/2011/which-road-to-take-the-future-of-chinas-automobile-industry

Haak, René (2004): *Der chinesische Markt im Fokus international tätiger Automobilhersteller*. Deutsches Institut für Japanstudien. URL http://www.dijtokyo.org/doc/J_Markt01-04.pdf

JDPower (2010): *Excellence and Consistency in Process Implementation and Vehicle Delivery Are Key to Delivering Superior Levels of Sales Satisfaction*. J.D. Power. URL (10.03.2011): http://businesscenter.jdpower.com/news/pressrelease.aspx?ID=2010172

KfzTicker (2011): *Automarkt 2010 – Schwaches Absatzjahr in Deutschland*. KfzTicker.de. URL (03.04.2011): http://www.kfzticker.de/wirtschaft/automarkt-2010-schwaches-absatzjahr-in-deutschland/

KPMG (2007a): *Automotive Dealerships in China: Accelerating Performance*. KPMG Huazhen. URL (07.03.2011): http://www.kpmg.com/CN/en/IssuesAndInsights/ArticlesPublications/Documents/automotive_dealership_china_0704.pdf

KPMG (2007b): *Luxury Brands in China*. KPMG. URL (04.03.2009):
www.kpmg.com.cn/redirect.asp?id=7061

KPMG (2010): *Gear Change ahead: The future of China's auto dealership
market*. KPMG Hongkong. URL (07.03.2011):
http://www.kpmg.com/CN/en/IssuesAndInsights/ArticlesPublications/D
ocuments/future-of-China-auto-dealership-market-201004.pdf

Kuhn, Dieter/Ning, Angelika/Shi, Hongxia (2001): *Markt China:
Grundwissen zur erfolgreichen Marktöffnung*. München [u.a.]:
Oldenbourg.

Li-Hua, Richard (2003): *From Technology Transfer to Knowledge
Transfer--a Study of International Joint Venture Projects in China*.
Newcastle upon Tyne: Newcastle Business School, University of
Northumbria at Newcastle. URL (07.03.2011):
http://www.iamot.org/paperarchive/li-hua.pdf

Mercer (2009): *Automobilmarkt China 2010*. Mercer Management
Consultants. URL (05.03.2011): Mercer Management Consultin

MKACCDB (2011): *Market Access Database PRODUCT CODE : 8703*.
Market Access Database. URL (14.03.2011):
http://mkaccdb.eu.int/mkaccdb2/atDutyOverviewPubli.htm?datasettype=
draft&hscode=8703&countries=CN&datacat_id=AT&keyword=&submi
t=&showregimes=

NBSC (2010): *China Statistical Yearbook 2010*. Beijing: China Statistics
Press.

NYTimes (2011): *China Unveils Economic Plan With Focus on Raising
Incomes and Reining in Pollution*. The New York Times. URL
(12.03.2011):
http://www.nytimes.com/2011/03/05/world/asia/05china.html

Paur, Klaus (2008): *Automotive Dealerships in China: Accelerating
Performance*. ESOMAR. URL (07.03.2011):
http://www.tnsglobal.com/_assets/files/TNS_Market_Research_ESOMA
R__Dealerships_in_China_KPaur.pdf

Sinotrust (2011): *China Automotive Newsletter 03/2011*. Sinotrust
Automotive Solutions. URL (18.03.2011):
http://www.motorlink.cn/infoMarket/Newsletter.html

SPIEGELOnline (2011): *Deutsche Autobauer schwelgen im China-Rausch.* SPIEGEL Online. URL (03.03.2011): http://www.spiegel.de/wirtschaft/unternehmen/0,1518,739778,00.html

Trommsdorff, Volker (2009): *Konsumentenverhalten.* 7., vollst. überarb. und erw. Aufl. Stuttgart: Kohlhammer.

Webb, Alysha (2010): *Huge Room for Growth.* Specialty Equipment Market Association. URL (08.03.2011): http://www.sema.org/sema-news/2010/07/accessory-sales-at-china%E2%80%99s-dealerships

XinHua (2010): *China's auto stimulus retained for 2010.* Xin Hua. URL (12.03.2011): http://news.xinhuanet.com/english/2009-12/10/content_12621569.htm

Zheng, Yongnian/Tong, Sarah Y. (2010): *China and the global economic crisis.* Singapore ; Hackensack, N.J.: World Scientific.